EFFIZIENTES BRAINSTORMING

Tipps für Organisation und Durchführung von erfolgreichem Brainstorming

Verfasst von Nicolas Zinque
Übersetzt von Mareike Lobeck

EFFIZIENTES BRAINSTORMING 9

Einleitung

EFFIZIENTES BRAINSTORMING: DIE GRUNDLAGEN 15

Der Moderator als Garant für den Erfolg

Vorbereitung

Die Kreativphase des Brainstormings: Das Ideensammeln

Die Analysephase: Das Bearbeiten der Ideen für konkrete Lösungen

TOP TIPPS 43

FAQ 47

Kann ich ein Brainstorming ohne Moderator organisieren?

Kann ich am Brainstorming teilnehmen, wenn ich selbst Moderator bin?

Wie lange dauert eine Brainstorming-Sitzung idealerweise?

Wie hoch ist die ideale Teilnehmerzahl?

Ist Brainstorming auch auf Distanz möglich?

Wie gehe ich am besten vor, wenn sich niemand an der Diskussion beteiligt?

Können mit Brainstorming persönliche Differenzen geschlichtet werden?

Ist Brainstorming für alle Situationen geeignet?

Sollte ich lieber allein oder im Team überlegen?

JETZT SIND SIE GEFRAGT! 55

DARÜBER HINAUS 59

EFFIZIENTES BRAINSTORMING

- **Ziel:** ein produktives Brainstorming abhalten, das zu konkreten, originellen Lösungen führt
- **Anwendung:** Innovation in der Gruppe und kreative Lösungsfindung für Probleme im Unternehmen oder bei Entwicklungsbedarf
- **Arbeitskontext:** jede Art von Gruppenarbeit
- **FAQ:**
  - Kann ich ein Brainstorming ohne Moderator organisieren?
  - Kann ich am Brainstorming teilnehmen, wenn ich selbst der Moderator bin?
  - Wie lange dauert eine Brainstorming-Sitzung idealerweise?
  - Wie hoch ist die ideale Teilnehmerzahl?
  - Ist Brainstorming auch auf Distanz möglich?
  - Wie gehe ich am besten vor, wenn sich niemand an der Diskussion beteiligt?
  - Können mit Brainstorming persönliche Differenzen geschlichtet werden?
  - Ist Brainstorming für alle Situationen

geeignet?
- ◦ <u>Sollte ich lieber allein oder im Team überlegen?</u>

EINLEITUNG

Da in der Berufswelt die Konkurrenz groß und erbarmungslos ist, sollte man sich jederzeit an die Nachfrage der Kunden anpassen können. Mehr noch: Für Unternehmen ist es notwendig, wenn nicht gar überlebenswichtig, Innovationen zu schaffen. Solche Veränderungen können durch interne Neuorganisation, die Entwicklung neuer Produkte, Investitionen in eine neue Nische etc. vorgenommen werden.

Bevor man damit beginnt, sollte man sich Zeit zum Überlegen nehmen, um sich Ziele zu setzen, und sich die Mittel zur Verfügung stellen, die für kreative, innovative Lösungen nötig sind. Ein hervorragender Weg ist, die Mitarbeiter darin mit einzubeziehen. Denn Gruppenarbeit ist nicht nur eine Stärke, sondern auch eine Notwendigkeit: Ein Unternehmen kann nicht nur auf die Kreativität einer einzelnen Person bauen, wenn es sich weiterentwickeln will. Doch wie nutzt man die Kreativitätsressourcen seines Teams am besten, um sowohl innovative als auch konkrete Fortschritte zu machen?

Brainstorming wird von zahlreichen Menschen eingesetzt: Jeder kennt diese Methode – oder besser gesagt, glaubt sie zu kennen. Denn häufig wird der Begriff für das bunte Ideensammeln genutzt, bei dem sich die Beteiligten vor allem amüsieren. Wenn es dann darum geht, Schlüsse aus den gesammelten Ideen zu ziehen, gelingt es der Gruppe häufig nicht, aus der Menge der Äußerungen das wirklich Wichtige herauszu-filtern. Nach Stunden ist dann noch immer keine konkrete Entscheidung getroffen worden, woraufhin sich Enttäuschung und Demotivation breit machen, weil die Teilnehmer den Eindruck haben, umsonst nachgedacht zu haben. Vielleicht haben Sie auch schon selbst etwas ähnliches erlebt.

Dennoch hat sich die Methode bewährt. Wenn sie beherrscht wird, ermöglicht sie es, die Kreativität der Gruppe zu nutzen und wird zu einem wirk-samen Werkzeug, das Ihrem Unternehmen wahre Dienste leistet. Denn auch wenn mit Brainstorming in der Regel entspannte Meetings verbunden werden, muss bei der Vorbereitung und Durchführung dieser Methode äußerst streng vorgegangen werden. Paradoxerweise stimuliert ein fester Rahmen Ihr Team am meisten und bringt es auf den richtigen Weg.

> Wir sehen Brainstorming als eine Zeit größter Freiheit an, während der Rest unseres Alltags von der Einhaltung der Richtlinien und Ausführung des Plans geprägt ist. Beim Brainstorming können außerdem die Gedanken der verschiedenen Teilnehmer zusammengeführt werden, sodass sich jeder die globale Strategie des Unternehmens zu eigen machen kann. Pascal, Leiter eines IT-Wartungsteams in einer Versicherung

EFFIZIENTES BRAINSTORMING: DIE GRUNDLAGEN

Seit seiner Entwicklung in den 1940er Jahren führt Brainstorming zu überzeugenden Ergebnissen. Der Begründer Alex Osborn (1888-1966), Leiter einer großen amerikanischen Werbefirma, entwickelte einige Regeln für diese Besprechungsmethode. Er wollte damit den Anforderungen seiner Kunden nachkommen und kreative Ideen für ihre Werbekampagnen finden. Seitdem wurde die Methode weiterentwickelt und ihre Wirksamkeit bewiesen, sodass sie heute in zahlreichen Unternehmen angewandt wird.

Dem Brainstorming liegen zwei Annahmen zugrunde:

- Jeder Mensch besitzt Kreativität und kann auf neue Ideen kommen.
- Man tendiert in der Regel dazu, seine Ideen nicht auszusprechen, weil man sich an die Gruppe anpasst und von seiner rationalen

Seite leiten lässt. Daher muss alles darangesetzt werden, diese doppelte Beeinflussung der Ideen außer Kraft zu setzen.

Logischerweise besteht auch das Brainstorming aus zwei Teilen. Zunächst werden die „reinen" Ideen gesammelt, was die Kreativität der Teilnehmer anspricht, danach werden diese Ideen analytisch rational betrachtet. Sie sollten sich jederzeit an diese Grundlage des Brainstormings erinnern können.

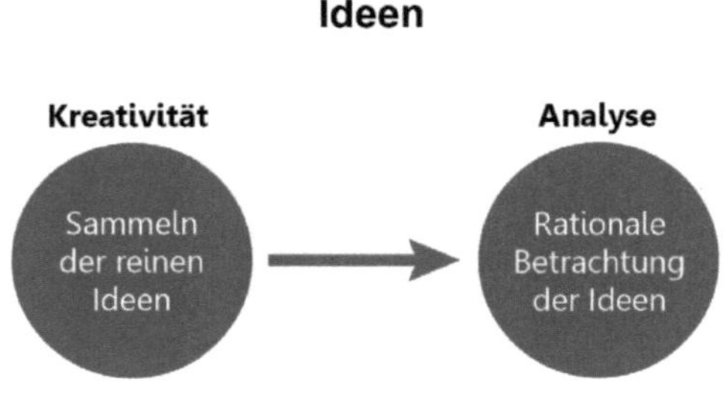

DER MODERATOR ALS GARANT FÜR DEN ERFOLG

Der Moderator ist ein essenzieller, wenn auch häufig vernachlässigter Bestandteil des

Brainstormings. Er bereitet das Brainstorming vor und kümmert sich darum, dass die Besprechung reibungslos abläuft und ein Ergebnis erreicht wird. Dabei mischt er sich inhaltlich nicht ein, sondern sorgt lediglich für den Rahmen: Der Moderator ist also kein Teilnehmer, in dem Sinne, dass er selbst keine Ideen einbringt. Es wird empfohlen, diese Neutralität einzuhalten. Wenn Sie die Rolle des Moderators selbst ausüben wollen, bedeutet das, dass Sie sich aus der Diskussion herausnehmen müssen.

Die Hauptaufgaben des Moderators sind während der Besprechung:

- darauf zu achten, dass das Ziel und der Zweck des Brainstormings von allen Teilnehmern verstanden werden.
- die Kreativität mittels verschiedener Techniken anzuregen und dafür zu sorgen, dass sich alle äußern.
- die Gruppe zurück auf den richtigen Weg zu bringen, wenn sie von ihrem eigentlichen Ziel abkommt, und eventuelle Konflikte schlichten.
- die Analysephase anzuleiten und dafür zu sorgen, dass die Gruppe die Lösungen auswählt, die am geeignetsten sind, um das gesteckte

Ziel zu erreichen.

- dafür zu sorgen, dass der vorgegebene Zeitplan der Besprechung eingehalten wird.

Die wichtigsten Eigenschaften eines Moderators sind seine Beobachtungsgabe und die Fähigkeit zuzuhören. Er muss eine Atmosphäre schaffen können, in der sich die Gruppe wohl fühlt, und sich gleichzeitig Respekt verschaffen können. Dies mag zunächst schwierig klingen, ist aber erlernbar.

TIPP

Damit sich der Moderator ganz seiner Aufgabe widmen kann, hat er idealerweise einen Assistenten, dessen einzige Aufgabe darin besteht, die geäußerten Ideen aufzuschreiben.

VORBEREITUNG

Zielsetzung

Jedem Brainstorming liegt ein Ziel zugrunde. Dabei kann es sich um die Entwicklung eines neuen

Produkts, die Erstellung einer neuen Charta mit grafischer Darstellung der Unternehmenswerte oder die Optimierung der Produktion etc. handeln. Wenn Sie für einen Kunden arbeiten, gibt dieser in der Regel selbst das Ziel vor. Ihre Aufgabe besteht dann darin, angemessene Lösungen zu bieten. Entsprechend des zu erreichenden Ziels sollten Sie die Besprechung vorbereiten und die einzusetzenden Arbeitsmethoden auswählen.

Paradoxerweise zwingen Sie Ihr Team umso mehr kreativ zu sein, je präziser Sie die Aufgabe formulieren, da es dann eine Herausforderung überwinden muss. Zum Beispiel: Wie überzeugt man die Altersgruppe von 20-25-Jährigen davon, eine bestimmte Produktpalette zu kaufen? Wie sollte Produkt X in einer bestimmten Region eingeführt werden?

Gruppenzusammensetzung

Ein weiterer Grundbestandteil des Brainstormings ist die Gruppe selbst. Dabei besteht ein weit verbreiteter Fehler darin, lediglich die Mitarbeiter einer einzigen Unternehmensabteilung einzuladen. Im Gegenteil sollten Sie vielmehr versuchen, die Profile zu mischen. Für eine technische

Innovation können Sie Designer, Ingenieure, Verkäufer, Buchhalter etc. zusammenbringen. Im Beispiel der 20-25-Jährigen sollten Sie Personen dieser Altersklasse in Ihr Team aufnehmen. Unter Umständen haben Sie jedoch vielleicht nicht die Wahl, sondern die Gruppe wird vom Kunden oder dem Unternehmenskontext vorgegeben (bei einem kleinen Unternehmen mit wenigen Mitarbeitern beispielsweise).

TIPPS:

- Wenn es bei Ihrem Brainstorming um ein Kundenunternehmen geht, sollten Sie einen Vertreter dessen einladen: So stärken Sie die Bindung und verschwenden keine Zeit mit Ideen, die vom eigentlichen Thema abweichen.
- Sorgen Sie für eine gemischte Gruppe, um die Überlegungen zu bereichern, auch wenn die Zusammenarbeit zwischen Personen, die sich kennen, den Austausch erleichtert und enthemmt.
- Vermeiden Sie es, einen Vorgesetzten einzuladen, unabhängig davon, wie nah er in der Hierarchie steht, da seine Anwesenheit die Spontanität hemmen könnte.

Einladung

Es ist nun an der Zeit, die Gruppe einzuladen. Die Teilnehmer sollten praktische Informationen zu der Besprechung erhalten und insbesondere das Thema erfahren. Wenn möglich, sollten Sie sie einzeln treffen, um eine erste Verbindung herzustellen. Sie können aber ebenfalls auf E-Mails oder das Telefon zurückgreifen. In jedem Fall sollten Sie eine zusammenfassende E-Mail und eine Erinnerung am Vortag der Besprechung versenden. Mit der Einladung können Sie die Teilnehmer auffordern, sich im Vorfeld Gedanken zu machen und einzulesen. Fordern Sie jedoch keine zu umfassende Vorbereitung, um die Spontanität der Ideen nicht zu beeinträchtigen.

TIPP: EINLADUNG PER E-MAIL

Halten Sie Ihre E-Mail in einem herzlichen Ton und seien Sie ein wenig kreativ. Ein einfacher Satz kann ausreichen, um Ihre Gruppe zu motivieren und für das Thema zu sensibilisieren.

Ich beginne und beende meine Einladungen in der Regel mit einem amüsanten Satz, meist mit einem Wortspiel zum Thema

Wahl des Ortes

So wie sich eine Raupe nur dann in einen Schmetterling verwandeln kann, wenn sie sich vorher in einen Kokon gesponnen hat, entsteht eine gute Gruppendynamik nur dann, wenn alle Bedingungen dafür erfüllt werden.

Brainstorming ist in einem ruhigen Raum, dessen Größe an die Gruppe angepasst ist, am produktivsten. Er sollte groß genug sein, damit sich alle bequem setzen können, aber nicht zu groß, damit er nicht leer wirkt. Der Komfort sollte ebenfalls ideal sein: Heizung im Winter, Klimatisierung im Sommer, wenn möglich, Toiletten in der Nähe. Vergessen Sie außerdem nicht das Wichtigste, nämlich den Kaffee oder andere Verpflegung. Denn Wasser hydriert das Gehirn und stimuliert den Geist.

Wenn Sie einen angemessen Raum gefunden haben, sollten Sie sich über die Anordnung der Tische und Stühle Gedanken machen. Nehmen Sie dies ruhig ernst, denn manche Anordnungen unterstützen die Beteiligung der Gruppe, während andere sich besser für passive Informationsübermittlung eignen. Zwei Optionen bieten sich besonders an, um den Dialog anzuregen:

Vergleich zwischen der Anordnung im U und im Kreis

Anordnung im U	Anordnung im Kreis
Die Tische werden in eine U-Form gestellt, der Moderator sitzt in der Mitte.	Der Moderator kann im Kreis oder abseits davon sitzen.
Vorteil: Das verwendete Hilfsmittel (Tafel oder Projektor) wird von allen gesehen, was den Ideenaustausch erleichtert.	**Vorteil:** Da es keinen toten Winkel gibt, können sich alle Teilnehmer sehen, was ideal ist, um eine wahre Gruppendynamik zu schaffen.
Nachteil: Diese Anordnung verleitet die Teilnehmer dazu, sich mehr mit dem Moderator auszutauschen als untereinander.	**Nachteil:** Das verwendete Hilfsmittel befindet sich zwangsläufig im Rücken einiger Teilnehmer. Diese Plätze können jedoch vom Moderator und seinem Assistenten eingenommen werden.

TIPP:

Die meisten Menschen haben den Reflex, in Umgebungen mit fremden Menschen bei den Personen zu bleiben, die sie kennen. Trennen Sie aber ruhig Freunde voneinander und mischen Sie Personen mit unterschiedlichen Profilen. Auf kreativer Ebene konfrontieren Sie sie so mit anderen Denkweisen, anderem Wissen und anderen Fähigkeiten und fördern damit die Entstehung neuer

Ideen. Auf der Beziehungsebene erleichtern Sie den Mitarbeitern, sich gegenseitig kennenzulernen. Dazu sollten Sie im Vorfeld eine Sitzordnung festlegen und Namensschilder auf den Plätzen verteilen.

Arbeitsmaterial

Während der Besprechung sollten alle ausgesprochenen Ideen notiert werden. Damit die Gruppe auf die Vorschläge der verschiedenen Teilnehmer eingehen kann, ist es wichtig, dass sie die ganze Zeit über auf einem Hilfsmittel sichtbar sind. Dieses kann elektronisch sein, beispielsweise ein an einen Computer angeschlossener Projektor, oder physisch, wie eine Tafel oder freie Wand, an der Sie Klebezettel anbringen können.

DIE KREATIVPHASE DES BRAINSTORMINGS: DAS IDEENSAMMELN

In dieser Phase haben die Teilnehmer in der Regel Spaß – manchmal auch zu viel. Aus diesem Grund sollten Sie ihre Energie kanalisieren, um sie in die richtige Richtung zu führen. Wenn Sie gut vorbereitet sind, besteht diese Etappe lediglich darin, die Gruppe zu führen. Die Einleitung und Ideensammlung sollten dabei nicht mehr als die Hälfte der Zeit in Anspruch nehmen, damit genügend Zeit für die Analyse und Entscheidungsfindung bleibt.

Die Regeln des Brainstormings

Brainstorming beruht auf vier Grundsätzen:

- Man verzichtet auf Wertung gegenüber sich selbst und den anderen Teilnehmern. Alle Ideen, auch die verrücktesten, sollten ungehemmt ausgesprochen werden können. Das Schlüsselwort dabei ist Spontanität. Diese stellt sich aber nur ein, wenn alle Teilnehmer das Gefühl haben, sich frei ausdrücken zu können.
- Man lässt seiner Fantasie freien Lauf, ohne sich einzuschränken.
- Man schlägt so viele Ideen vor wie möglich. Dabei kommt es nicht auf Form und Inhalt an. Der Fokus liegt vielmehr auf Quantität als auf Originalität.
- Man baut auf die Vorschläge der anderen Teilnehmer auf, um sie zu kombinieren oder zu verbessern.

Diese Regeln stellen die Essenz des Brainstormings dar. Prägen Sie sie sich ein und geben Sie sie an die Teilnehmer weiter. Hängen Sie beispielsweise ein Plakat an eine Wand des Besprechungsraums, auf dem sie beispielsweise wie folgt zusammengefasst sind:

Die Grundsätze des Brainstormings

Einleitung – ein guter Start

Sie haben Ihre Teilnehmer herzlich empfangen und sie sich setzen lassen. Nun ist es an der Zeit, ihnen die Regeln zu erklären und ihre Zustimmung zu erhalten. Auch wenn die Teilnehmer für die Wahl der kreativen Methoden auf den Moderator bauen, muss sich dieser vergewissern, dass auch alle mit dem Ablauf einverstanden sind. Um auf einer guten Basis aufzubauen bzw. Missverständnisse zu vermeiden, sollten Sie am besten einige Minuten einplanen, um Ihren Plan mit den Teilnehmern durchzugehen, damit Sie nicht auf halber Strecke ausgebremst werden. Der Moderator sollte sich ebenfalls mündlich die organisatorischen Regeln bestätigen lassen (Pausenzeiten, Möglichkeit während der Besprechung aufzustehen, um sich etwas zu trinken zu nehmen, etc.).

In Ihrer Einleitung gehen Sie auf die folgenden Punkte ein:

- **Das zu erreichende Ziel**: Es reicht nicht aus, es einfach nur zu erwähnen, Sie müssen sich auch vergewissern, dass die Gruppe es verstanden hat und alle dasselbe darunter verstehen. Dazu sollte ein einheitliches Vokabular verwendet werden. Wenn Sie beispielsweise Lösungen finden wollen, um 20-25-Jährige zu erreichen, die „viel" rauchen, müssen Sie zunächst genau definieren, was „viel" für die Gruppe bedeutet. Bei der Befragung der Teilnehmer werden Sie sicherlich bemerken, dass dieser Begriff auf sehr unterschiedliche Weise interpretiert

werden kann: Für manche bedeutet „viel"
drei oder vier Zigaretten pro Tag, für andere
eine ganze Schachtel. Wenn Sie sich nicht auf
einen gemeinsamen Wert einigen, wird Ihr
Brainstorming zu einem Misserfolg werden.

- **Der Ablauf der Besprechung**: Sie gehen auf
den Zeitplan ein, der für jeden Schritt eingehalten werden soll, nennen die Anzahl und
Länge der Pausen etc.
- **Die verwendeten Methoden**.

Eisbrecher

Nach der Einleitung ist es manchmal notwendig,
das Eis zu brechen, wenn sich die Teilnehmer untereinander nicht kennen. Das Ziel dabei ist, dass
sich die Teilnehmer wohl fühlen, damit sie sich
leichter ausdrücken können. Man könnte also
auch von einer Aufwärmphase sprechen.

EINIGE ÜBUNGEN

- Zum Kennenlernen: Die Teilnehmer bilden
2er-Paare und stellen sich ihrem jeweiligen
Partner vor. Danach stellt dieser seinen
Partner wiederum der Gruppe vor.
- Für den Gruppenzusammenhalt: Kleine

körperliche Herausforderungen funktionieren hierfür sehr gut. Die Teilnehmer stellen sich in einem Kreis auf und müssen einen Ball herumgeben. Dies sollte so schnell wie möglich geschehen, bevor sich alle wieder setzen. Machen Sie mehrere Runden, um die Schnelligkeit und Koordination zu erhöhen.

- Fürs Nachdenken: Teilen Sie die Teilnehmer in 3er-Gruppen ein und bitten Sie sie eine Lösung für ein bestimmtes Problem zu finden (das dem Besprechungsthema entspricht). Anschließend stellt jede Gruppe ihre Arbeit vor. Veranschlagen Sie 10 Minuten für diese Übung.

Arbeitsmethode

Bevor Sie mit der eigentlichen Besprechung beginnen, sollten Sie den Teilnehmern ein wenig Zeit zum Nachdenken geben, damit sie sich mit dem Thema vertraut machen und ihre ersten Ideen vorbereiten können. Die Methode, die während der Besprechung verwendet wird, wurde im Vorfeld vom Moderator festgelegt, denn sie berücksichtigt die Art und Weise, wie

Sie die Ideen hervorlocken wollen. Jede Situation hat ihre besonderen Eigenheiten, es ist daher wichtig, mit dem Kunden oder der Person, die die Besprechung angefordert hat, im Dialog zu stehen, um sich an die Gruppenzusammensetzung und die Unternehmenskultur anpassen zu können.

Die einfachste Technik besteht darin, die Teilnehmer sprechen zu lassen, wann sie es wünschen. Man spricht in dem Fall von spontanen Äußerungen. Zu ihren offensichtlichen Vorteilen gehört daher, dass Spontanität und der freie Wechsel von Redebeiträgen gefördert werden. Für von Natur aus zurückhaltende Personen eignet sich diese Technik jedoch nicht.

Eine andere Technik beruht auf abwechselnden Beiträgen, wobei der Moderator allen Teilnehmern reihum das Wort erteilt. Ihre Beiträge können dann eine oder mehrere Ideen beinhalten. Mit dieser Methode wird kein Teilnehmer zum Meinungsführer und die Teilnehmer hören sich gegenseitig aufmerksamer zu. Allerdings werden so auch die Spontanität und der Bezug auf Ideen eingeschränkt, die für das Brainstorming eigentlich essenziell sind. Um diesem Problem entgegenzuwirken, sollte auf die Reihum-Befragung eine Runde mit spontanen Äußerungen folgen.

Daneben bestehen ebenfalls komplexere und/oder originellere Techniken. Im Kapitel <u>Jetzt sind Sie gefragt!</u> werden einige von ihnen vorgestellt.

TIPP

Bei einer Besprechung, die länger als zwei Stunden dauert, sollten Sie nach der Hälfte der Zeit die Methode wechseln. So vermeiden Sie es, dass die Gruppe in eine kreative Routine verfällt. Sie können auch zwischen mündlichen und schriftlichen Methoden abwechseln, um unterschiedlichere Ideen zu erhalten und jedem die Möglichkeit zu geben, sich auszudrücken.

ACHTUNG!

Überschreiten Sie bei der Ideensammlung den festgelegten Zeitrahmen nicht, selbst wenn die Gruppe noch aktiv ist. Kündigen Sie stattdessen fünf Minuten vor dem

Schluss das Ende an und beenden Sie das Brainstorming mit einer Runde, in der sich jeder ein letztes Mal äußern kann.

Einbindung aller Teilnehmer

Die größte Gefahr beim Brainstorming besteht darin, dass sich ein Meinungsführer herausbildet, neben dem weniger mitteilsame Teilnehmer untergehen. Aus diesem Grund muss auf die Gruppendynamik und die verschiedenen Persönlichkeiten geachtet werden. Manche Arbeitsmethoden, wie die spontane Äußerung, bauen auf regelmäßige Beiträge aller Teilnehmer, während eine Methode wie die reihum wechselnden Beiträge die Zeit auf alle Teilnehmer natürlich gleich verteilt. Mit der Klebezettel-Methode können mündliche Äußerungen unterstützt werden. Am schwierigsten ist es, die Teilnehmer zum Sprechen zu ermutigen, ohne sie dabei zu sehr zu drängen und die Vertrauensatmosphäre zu stören.

Manche Menschen fühlen sich nicht berechtigt, etwas zu einem bestimmten Thema zu sagen, oder glauben, nichts beizutragen zu haben. Das ist natürlich nicht richtig, deswegen sollte man daran denken, sie zu ermuntern, sich zu äußern. Ich selbst setzte dabei auf ihre allgemein anerkannten Kompetenzen, um sie dazu zu bringen, sich zu einem Punkt zu äußern, bei dem sie sich zuvor weniger befähigt gefühlt hätten. Pascal

Wenn Sie sich davor fürchten, sich bei einem Brainstorming zu äußern, sollten Sie wissen, dass:

- die Angst vor Wertung vermutlich der Hauptgrund für Ihre Zurückhaltung ist. Erinnern Sie sich jedoch daran, dass Alex Osborn das Brainstorming entwickelt hat, um genau diese Wertung zu vermeiden. Zwingen Sie sich dazu, die Besprechung als einen sicheren Hafen anzusehen, in dem Sie kein Risiko eingehen, wenn Sie sich beteiligen.
- seine Ideen auszudrücken der beste Weg ist, um sich in einem neuen Licht darzustellen und Gemeinsamkeiten mit anderen Kollegen zu entdecken. Je mehr Sie teilen, desto mehr wird Ihnen die Besprechung gefallen.
- Sie das Brainstorming nicht als einen Wettbewerb ansehen sollten, sondern als die

gemeinsame Erschaffung eines Werks. Das Ziel ist nicht, am Ende die Idee einer bestimmten Person auszuwählen, sondern dank kollektiver Kreativität das beste Projekt auf den Weg zu bringen. Daher sollten Sie den anderen Teilnehmern zuhören.

MITSCHREIBEN

Während der Besprechung sollten alle Vorschläge festgehalten und permanent sichtbar sein, damit auf sie reagiert werden kann. Achtung! Der Assistent sollte sie so aufschreiben, wie sie ausgesprochen wurden, und sie nicht bewerten. Manchmal reicht schon ein einziges Wort aus, um den Sinn einer Idee zu verändern.

DIE ANALYSEPHASE: DAS BEARBEITEN DER IDEEN FÜR KONKRETE LÖSUNGEN

Nach dieser intensiven Kreativphase sollten Sie zur rationalen Analyse übergehen. Obwohl mit dieser der Erfolg der Ideensammlung festgestellt werden kann, wird sie häufig vernachlässigt.

Doch was bringen Hunderte von Ideen, wenn keine davon konkretisiert wird? Widmen Sie also mindestens die Hälfte der Besprechung der Analyse.

Durch positive, konstruktive Kritik an den Ideen, die während der Besprechung geäußert wurden, entstehen einige Auswahlkriterien, mit denen eine Methode zur Ideenvalidierung entwickelt werden kann. Wie schon in Ihrer allgemeinen Einleitung erklären Sie Ihr Vorgehen und lassen das Team dieses bestätigen. In dieser Phase kann es zu Diskussionen oder gar Spannungen kommen. Auch dies ist eine Facette der Gruppenführung, mit der der Moderator umgehen können muss.

Kriterien für die Ideenvalidierung

Durch Auswahlkriterien kann die Wahl der Ideen, an denen festgehalten wird, legitimiert werden. Auch hier muss ein gemeinsamer Bezugspunkt gefunden werden, um die Ideen gleich zu bewerten. In der Praxis werden diese Kriterien nicht unbedingt von der Gruppe definiert, da der Kunde sie bereits vorgegeben hat.

Zum Festlegen dieser Kriterien muss die Ausgangsfrage betrachtet werden. In einem ersten Schritt werden die Vorschläge aussortiert, die unter Berücksichtigung dieser Frage eindeutig nicht zum Thema passen.

In einem zweiten Schritt werden spezifische Kriterien bezüglich des Themas definiert, mit denen die Vorschläge voneinander unterschieden werden können. Legen Sie ebenfalls fest, welche stärker gewichtet werden.

In dem hier erwähnten Beispiel „Wie überzeugt man die Altersgruppe von 20-25-Jährigen davon, eine bestimmte Produktpalette zu kaufen?" hängt die Wirksamkeit der Lösung von Kriterien ab wie Originalität (wurde diese Lösung bereits von einem Konkurrenzunternehmen umgesetzt?), Lebenszyklus dieser Kundengruppe (es handelt sich häufig um Studenten, die zwischen Januar und März und Juni bis August in der Prüfungsphase sind und im Sommer Studentenjobs nachgehen etc.), den frequentierten Orten (Studentenviertel, Internetseiten und -foren für junge Menschen etc.), die Fähigkeit langfristig vorauszuplanen oder im Gegenteil auf sich aufmerksam zu machen, in dem man mit aktuellen Themen spielt etc.

Dazu kommen noch Kriterien bezüglich der Umsetzbarkeit: Bitten Sie die verschiedenen Berufsgruppen in Ihrer Gruppe die Lösungen auszuschließen, die sie in ihrem Kompetenzbereich als nicht umsetzbar bewerten. Es versteht sich von selbst, dass bei gleicher Qualität die kostengünstigsten und am einfachsten umzusetzenden Lösungen vorgezogen werden. Hier spricht man demnach von Rentabilitätskriterien.

Die Auswahlmethode

Sobald die Auswahlkriterien festgelegt wurden, müssen sie nur noch auf die gesammelten Ideen angewendet werden. Dabei sind zwei Vorgehensweisen möglich:

- die Abstimmung: Jede Idee wird entsprechend der festgelegten Kriterien einer Wahl unterzogen. Durch Vergeben von Punkten werden die Lösungen hierarchisch geordnet.
- der Konsens: Die Teilnehmer diskutieren erst und einigen sich dann auf bestimmte Lösungen. Diese Vorgehensweise ist zeitaufwändiger, hat aber den Vorteil, dass sie weniger mechanisch

ist als die Abstimmung. Außerdem stärkt sie das Bekenntnis der Gruppe zum Ergebnis.

Umsetzung der ausgewählten Ideen

Die Idee, die die meisten Stimmen bekommen hat oder für die ein Konsens gefunden wurde, muss nun konkretisiert werden. Mit der Entscheidung ist es also nicht vorbei, sondern fängt eigentlich erst richtig an: Nun geht es an die Umsetzung. Es müssen neue Ziele gesetzt, die zu erledigenden Aufgaben aufgelistet, die Verantwortlichen benannt, die Teams zusammengesetzt, ein Zeitplan aufgestellt und das Budget definiert werden. Tatsächlich ist Ihr Brainstorming erst bei der Auswertung des Projekts, also wenn die neuen Richtlinien effektiv eingeführt wurden, beendet.

Vergessen Sie nach der Besprechung nicht, einem Verantwortlichen (zum Beispiel dem Projektmanager) einen Bericht über die Ideensammlung zukommen zu lassen. Er muss nun den Teilnehmern in den folgenden Wochen und Monaten Feedback über die Besprechung zukommen lassen. Auch wenn manche Teilnehmer an den folgenden Schritten nicht mehr beteiligt sein werden, verdienen es dennoch alle, über den Erfolg ihres Projekts auf dem Laufenden gehalten zu werden.

Andere Vorteile von Brainstorming

Neben der Entwicklung maßgeschneiderter kreativer Lösungen bietet Brainstorming noch weitere Vorteile. So ermöglicht es:

- interprofessionelle Verbindungen und die Zusammenarbeit in der Gruppe zu stärken, da alle Mitglieder der Gruppe das Gefühl haben, voll in das Unternehmen integriert zu sein (Stichwort Teambuilding)
- das Nachdenken und die Kreativität aller Mitarbeiter anzuregen
- Wissen untereinander auszutauschen und Kompetenzen miteinander zu teilen
- professionelle Effizienz
- sich selbst in der Gruppe zu behaupten

TOP TIPPS

- **Seien Sie strukturiert**: Erstellen Sie ein Dokument, das alle Schritte Ihrer Besprechung enthält, ebenso wie die Zeit, die Sie dafür vorsehen. All diese Informationen werden in der Einleitung der Besprechung aufgegriffen.
- **Üben Sie Ihre Einleitung zuhause**: Fehlende Struktur schadet ihrer Glaubhaftigkeit und sendet der Gruppe ein negatives Bild. Aus demselben Grund sollten Sie am Vortag den Besprechungsraum begutachten, um sicherzugehen, dass alles in Ordnung ist.
- **Verbreiten Sie in Ihrer Gruppe eine positive Grundstimmung**: Brainstorming ist ein zwischenmenschlicher Austausch und dieser funktioniert besser, wenn die Atmosphäre gut ist. Manchmal reichen schon ein paar Worte und ein Lächeln, um eine Diskussion anzuregen.
- **Seien Sie bei der Vorbereitung des Brainstormings selbst kreativ**: Wenn Sie mehrmals mit derselben Gruppe arbeiten, sollten Sie Ihre Methoden und Hilfsmittel

variieren, um kreative Routine zu vermeiden. Sie können auch in einer Besprechung mehrere Methoden miteinander kombinieren.

- **Bleiben Sie unnachgiebig**: Grundlegende Diskussionen sollten nur in der Analysephase geführt werden. Achten Sie also darauf, denn die Teilnehmer werden bereits bei der Ideensammlung versucht sein, die praktischen Aspekte bestimmter Vorschläge zu diskutieren.

- **Verfassen Sie einen Bericht und bewahren Sie alle Nachweise Ihrer Besprechungen auf**: Sie können Ihnen später bei der Entwicklung neuer Ideen helfen.

- **Machen Sie aus der gemeinsamen Besprechung eine Teambuilding-Maßnahme**: Beim Brainstorming handelt es sich um einen spielerischen Moment. Dabei können die Mitarbeiter des Unternehmens untereinander Verbindungen knüpfen. Ermuntern Sie sie, sich auch nach der Besprechung wiederzutreffen. Warum organisieren Sie nicht ein Treffen, um mit den beteiligten Kollegen auf das Erreichen des Ziels anzustoßen?

- **Integrieren Sie Brainstorming in die Unternehmenskultur**: Ermutigen Sie die

Teilnehmer untereinander Ideen auszutauschen, wenn sie sich beispielsweise an der Kaffeemaschine treffen. Die Bedingungen sind dann natürlich nicht optimal, die Kreativität wird aber dennoch angeregt.

- **Behalten Sie im Hinterkopf, dass Brainstorming ein Hilfsmittel wie jedes andere ist**: Wenn Sie es in eine strukturierte Methode einbinden, machen Sie es noch wirkungsvoller. Brainstorming ist Teil des sogenannten Kreativitätsmanagements, unter dem alle Hilfsmittel zusammengefasst werden, die im Unternehmen zu Neuem führen können.

FAQ

KANN ICH EIN BRAINSTORMING OHNE MODERATOR ORGANISIEREN?

Wenn sich nicht alle Teilnehmer sehr gut kennen und sich hervorragend mit dem Thema auskennen, sollten Sie kein Brainstorming ohne Moderator organisieren. Denn dieser bildet den Kern des Brainstormings und hat sozusagen die Rolle des Dirigenten inne. Er verkörpert damit eine unverzichtbare Autorität für den Rahmen (und nicht für den Inhalt) des Brainstormings.

KANN ICH AM BRAINSTORMING TEILNEHMEN, WENN ICH SELBST MODERATOR BIN?

Diese doppelte Rolle ist nicht zu empfehlen, aus dem einfachen Grund, dass ein Moderator eine gewisse Distanz benötigt. Außerdem kann ansonsten seine Neutralität in Frage gestellt werden, besonders bei einer Gruppe, die Sie

nicht kennen. Diese könnte Ihre Beiträge so aufnehmen, als würden Sie Ihre persönlichen Ideen
in den Vordergrund rücken wollen.

WIE LANGE DAUERT EINE BRAINSTORMING-SITZUNG IDEALERWEISE?

Die Dauer hängt von verschiedenen Faktoren,
wie dem behandelten Thema, der Anzahl an
Teilnehmern etc. ab. Das Wichtigste ist, die
einzelnen Phasen klar voneinander zu trennen:
Rechnen Sie mit 15 bis 30 Minuten für das
Ankommen der Gruppe und die Einleitung.
Danach ist die Kreativphase immer kürzer
als die Analysephase. Die ideale Dauer einer
Brainstorming-Sitzung beträgt zwischen zwei
und drei Stunden. Ist sie kürzer, könnte die Zeit
knapp werden, ist sie länger, nimmt vermutlich
die Konzentration stark ab. Halten Sie sich an
die folgende Faustregel: Zeit für die Einleitung +
Ideensammlung $\leq$ Zeit für die Analyse.

WIE HOCH IST DIE IDEALE TEILNEHMERZAHL?

Die ideale Teilnehmerzahl liegt zwischen fünf und acht. Bei weniger Teilnehmern fehlt es der Diskussion womöglich an Fülle, bei mehr wird die Gruppe schwierig zu leiten. Bei Gruppen zwischen neun und zwanzig Personen sollten Sie parallel Brainstorming-Sitzungen in mehreren Gruppen organisieren und Phasen für den gegenseitigen Austausch einplanen. Wenn die Gruppe allerdings mehr als 20 Personen umfasst, sollten Sie Animationstechniken für große Gruppen anwenden, wie beispielsweise „Discussion 66". Sie können aber trotzdem auch parallel eine Brainstorming-Sitzung in mehreren Gruppen organisieren, die von Phasen für den gegenseitigen Austausch unterbrochen wird.

IST BRAINSTORMING AUCH AUF DISTANZ MÖGLICH?

Brainstorming ist dank der Entwicklung verschiedener Kommunikationsmittel auch auf Distanz möglich. So können auch Personen, die geografisch weit voneinander entfernt sind, aber beispielsweise im selben internationalen Konzern arbeiten, miteinander in Kontakt treten. Beim Brainstorming gibt es zwei Formen:

- Brainstorming über Videokonferenz: Die Gruppe kann über entsprechende Software in Echtzeit miteinander diskutieren.
- Brainstorming über ein Forum: Der Austausch geschieht hierbei schriftlich auf einer gemeinsamen Plattform. Dabei muss die Ideensammlung und Analyse nicht unbedingt in Echtzeit stattfinden, stattdessen haben alle Teilnehmer mehr Zeit, um zu reagieren.

WIE GEHE ICH AM BESTEN VOR, WENN SICH NIEMAND AN DER DISKUSSION BETEILIGT?

Zu Beginn der Besprechung ist es sehr unwahrscheinlich, dass niemand eine Idee hat. Wenn sich niemand beteiligt, liegt es sicher daran, dass sich niemand traut, etwas zu sagen, oder es nicht will. Es kann sein, dass sich die Teilnehmer genieren, deswegen sollten Sie versuchen, das Eis zu brechen. Wenn trotzdem niemand das Wort ergreifen möchte, könnte das Problem schwerwiegender sein und es besteht womöglich ein Konflikt zwischen Teilnehmern oder die Atmosphäre ist nicht gut. In diesem Fall muss das Problem sofort erkannt und behoben werden.

Auch im Laufe der Besprechung kann es zu stillen Momenten kommen. Es gehört zu den Aufgaben des Moderators, das Gespräch wieder anzuregen. Dazu gibt es verschiedene Möglichkeiten:

- auf die Ausgangsfrage zurückkommen
- die bereits gesammelten Ideen vorlesen und bitten, sie näher zu erläutern
- sich auf eine externe Quelle stützen (Internet-Recherche, audiovisuelle Dokumente, Kundenmeinung etc.)
- die Methode wechseln

KÖNNEN MIT BRAINSTORMING PERSÖNLICHE DIFFERENZEN GESCHLICHTET WERDEN?

Brainstorming fördert den Zusammenhalt und ermöglicht den Teilnehmern, Gemeinsamkeiten untereinander zu entdecken. Dennoch kann man nicht von einer Methode zur Konfliktlösung im eigentlichen Sinne sprechen. Wenn zwei

Personen eine Abneigung gegeneinander emp-finden, sollte dieser Konflikt besser im Vorfeld geschlichtet werden.

IST BRAINSTORMING FÜR ALLE SITUATIONEN GEEIGNET?

Brainstorming funktioniert in fast alles Situationen, ist in manchen Fällen jedoch nicht effizient. Wenn die Teilnehmer aus zu weit von-einander entfernten Hierarchiestufen kommen (beispielsweise in großen Unternehmen), könnte es sein, dass sie sich nicht komplett öffnen wollen. Auch manche Brainstorming-Methoden sind nicht für jeden Kontext geeignet: Für Rollenspiele ist beispielsweise eine bestimmte Einstellung notwendig. Wenn Sie die Gruppe nicht gut kennen, sollten Sie zunächst zu ausge-fallene Methoden vermeiden.

SOLLTE ICH LIEBER ALLEIN ODER IM TEAM ÜBERLEGEN?

Diese Frage ist bei Team-Innovation durchaus legitim, denn die Meinungen der Experten gehen hier auseinander. Einige Studien (Galtier;

Delacroix: 2005) zeigen beispielsweise, dass alleine nachdenken effizienter ist und zu originelleren Lösungen führt. Denn alleine sind Sie weniger abgelenkt und verlieren keine Zeit mit Diskussionen, die am Thema vorbeigehen. Für andere macht jedoch genau der Austausch von Ideen Brainstorming aus: Auf die Ideen der anderen aufzubauen gehört zu den vier Grundregeln. Natürlich können Sie die Vorteile der Einzelarbeit mit den Vorteilen der Gruppenarbeit verbinden, indem Sie beide in Ihre Besprechung miteinbinden.

JETZT SIND SIE GEFRAGT!

Jeder hat seine eigene Methode, um auf Ideen zu kommen.

Die verschiedenen Brainstorming-Methoden

Methoden	Ablauf der Moderation	Anzahl der Teilnehmer	Dauer
Klebezettel	Die Teilnehmer schreiben ihre Ideen auf Klebezettel und kleben sie an eine Wand. Zunächst lassen Sie die Teilnehmer für eine bestimmte Zeit still nachdenken und ihre Zettel sortieren. Danach sollten Sie sich die Zeit nehmen, alle Vorschläge vorzulesen, bevor sie zu den spontanen Redebeiträgen übergehen. Diese recht spielerische Methode gehört zu den beliebtesten. Sie ermöglicht es, die Ideen visuell zu ordnen, indem die Klebezettel umgeklebt werden, was das Aussortieren erleichtert. Zur Vorbereitung der Analysephase sollten Sie die Teilnehmer bitten, die Ideen thematisch zu sortieren.	3 bis 8 Personen	20 bis 30 Minuten für die Klebezettel und danach 30 Minuten freie Redebeiträge
Rollenspiel	Hier bestehen mehrere Varianten, doch das Prinzip ist jeweils das gleiche: Die Teilnehmer nehmen eine andere Rolle und Denkweise an. In einer abgeschwächten Version können Sie die Teilnehmer auch fragen, was Unternehmen X, Person X, Kunde X in der entsprechenden Situation tun würde. Sie können auch lediglich einen Aspekt der Person ändern: ihr Alter, ihre Nationalität, etc. Für diese Methode ist eine gewisse Einstellung der Gruppe notwendig, da ansonsten schnell herumgealbert wird. Manche Menschen mögen diese Technik nicht, weil sie sie zu theatralisch finden.	3 bis 8 Personen	10 Minuten der Einführung, danach 20 bis 50 Minuten Moderation

Methoden	Ablauf der Moderation	Anzahl der Teilnehmer	Dauer
Kopfstand	Hierbei geht es darum, alles auf den Kopf zu stellen, indem die Frage umgedreht wird. Anstatt sich also zu fragen: „Wie kann ich die Anforderungen meiner Kunden erfüllen?", fragen Sie sich: „Wie erfülle ich die Anforderungen nicht?" Danach müssen Sie nur noch die negativen Ideen umdrehen, damit sie auf ihre Ausgangsfragestellung passen. Diese Vorgehensweise erscheint zunächst absurd, ist aber äußerst erfrischend.	2 bis 8 Personen	20 bis 30 Minuten
6-3-5-Methode/ Brainwriting	Der Name dieser Methode geht auf ihre Schlüsselaspekte zurück: 6 Personen schreiben jeweils 3 Ideen auf ein weißes Blatt Papier. Nach 5 Minuten werden die Ideen an den Nachbarn weitergegeben und es geht von vorne los. Die Teilnehmer haben 5 Minuten Zeit 3 Ideen aufzuschreiben, wobei sie diesmal auf die Ideen aufbauen sollen, die bereits auf dem Blatt stehen. In der Praxis können Sie Parameter des Brainwritings verändern, indem Sie beispielsweise Teilnehmer hinzufügen, die Zeit zum Nachdenken erhöhen etc. Auch wenn die Methode die Spontanität etwas einschränkt, kann sie sich in einer Gruppe, der es schwerfällt, sich mündlich auszudrücken, sehr effizient sein.	4 bis 8 Personen	20 bis 40 Minuten
Mindmap	Das Ziel dieser Methode besteht darin, eine visuelle, semantische Verbindung zwischen dem Problem und den vorgeschlagenen Lösungen herzustellen. Es handelt sich also um eine Form der kreativen Strukturierung. Die zentrale Frage wird in der Mitte des Dokuments angeordnet. Danach kommen die vorgeschlagenen Ideen hinzu, die nach und nach in Kategorien eingeteilt werden. Mindmaps werden heute idealerweise mit einer Software erstellt. Einige, wie MindMap, Xmind und FreeMind sind gratis zugänglich.	3 bis 8 Personen	30 bis 50 Minuten

Ihre Meinung ist uns wichtig!
Hinterlassen Sie doch einen Kommentar auf der
Seite unserer Online-Buchhandlung
und teilen Sie Ihre Favoriten in den sozialen
Netzwerken!

DARÜBER HINAUS

LITERATURVERZEICHNIS

- Bachelet, Rémi: „Animer un brainstorming". *Gestion de projet.* (Juli 2012). http://gestiondeprojet.pm/animer-un-brainstorming/ (26.09.2019).

- Brabandère, Luc de: *Le management des idées. De la créativité à l'innovation.* 2. Auflage. Dunod: Paris 2004.

- Decenzo, David; Gabilliet, Philippe; Robbins, Stephens: *Management. L'essentiel des concepts et des pratiques.* Pearson Education Paris 2008.

- Delacroix, Eva; Galtier, Valentine: „Le groupe est-il plus créatif que l'individu isolé ? Le cas du brainstorming: 1953-2003, cinquante ans de recherche". In: *Management & Avenir*, Nr. 4 (02, 2005). S. 71-86. https://www.cairn.info/revue-management-et-avenir-2005-2-page-71.htm (26.09.2019).

- Maccio, Charles: *Des réunions plus efficaces.* Chroniques sociales: Lyon 1995.

- McCurdy, Robina: *Faire ensemble. Outils participatifs pour le collectif.* Passerelle Éco: Corcelle 2013.

- Osborn, Alex: *L'Imagination constructive. Comment tirer parti de ses idées. Principes et processus de la*

pensée créative et du brainstorming. 2. Auflage.
Dunod: Paris 1964.

- Sorez, Hélène: *Pour conduire une réunion*. Éditions
Hatier Paris 1977.

WEITERFÜHRENDE LITERATUR

- Barth, Philipp: *Das Buch für Ideensucher*. Rheinwerk
Verlag: Bonn 2016.

- Müller, Julia: „Diese Regeln machen jedes
Brainstorming produktiver". *Impulse*. (04.10.2019).
https://www.impulse.de/management/
personalfuehrung/brainstorming/4055176.html
(26.09.2019).

MEHR AUF 50MINUTEN.DE

- Bronckart, Véronique: *Der Vorteil von kollektiver
Intelligenz. Tipps für das optimale Ausschöpfen der
Kompetenzen Ihres Teams*. Aus dem Französischen
von Leonie Kremer. Plurilingua Publishing: Brüssel
2019.

- Cailteux, Caroline: *Gruppenarbeit gewinnbringend
einsetzen. Tipps für gelungenes Teamwork*. Aus
dem Französischen von Leonie Kremer. Plurilingua
Publishing: Brüssel 2019.

- Lecomte, Miguël: *Kreatives Mindmapping.
Methoden zum kreativen Erstellen praktischer*

Mindmaps. Aus dem Französischen von Mareike Lobeck. Plurilingua Publishing: Brüssel 2019.

- Rens, Chantal: *Kreativität fördern. Tipps und Methoden zur Förderung der Kreativität*. Aus dem Französischen von Julia Buchrieser. Plurilingua Publishing: Brüssel 2019.

- Schandeler, Florence: *Erfolgreiche Meetings. Tipps zur Abhaltung effizienter Meetings*. Aus dem Französischen von Julia Buchrieser. Plurilingua Publishing: Brüssel 2019.

0MINUTEN.de
Geschichte
Business
Für die Arbeitswelt
Non-Fiction kompakt
Gesundheit & Wellness
Kunst und Literatur
DAS PARETO-PRINZIP
Die 80/20-Regel
Gesamtaufwand
Ergebnisse
20%
80%
80%
20%
Wichtig
Unwichtig
DAS CANVAS-BUSINESSMODELL
DIE SWOT-ANALYSE
SCHMÖKERN SIE SICH SCHLAU!
www.50Minuten.de

www.50Minuten.de

ISBN digitale Ausgabe: 9782808021524

ISBN gedruckte Ausgabe: 9782808021531

Pflichtexemplar: D/2019/12603/230

Cover: © Plurilingua

Digitale Aufbereitung: Primento, der digitale Partner der Herausgeber